ISABELLE berçait son petit garçon, gentiment, sur ses genoux, au coin du feu, trois bûches dans l'étroite cheminée. La lampe basse éclairait leur réveillon. Une neige assez épaisse, tombée le matin, mettant sa couche de silence autour de la petite maison isolée dans son jardin minuscule.

Pauvre villa de banlieue, image même de la médiocrité, que tu sembles belle, ce soir, à celle qui va te quitter pour entrer dans la misère !

Isabelle, jeune fille de luxe, mariée par amour, a, depuis cinq ans, descendu rapidement l'échelle haute de son bonheur.

L'homme pauvre qu'elle a, contre le gré de ses parents, choisi pour son charme et sa belle figure : un monsieur louche. Elle ne s'en est aperçue que tard. L'enfant était né, les parents morts. Orpheline et mère presque en même temps, la jeune femme, entre ce chagrin-ci et cette joie-là, a, cette même année, vu commencer l'extinction d'un mirage.

Un matin, c'est la révélation d'une colossale dette de jeu. Un

soir, c'est la découverte de basses débauches. Que de larmes! La fortune d'Isabelle s'en va, son cœur se meurt. Après le bel appartement de Paris et les parcs et châteaux d'été, cette unique petite bicoque en banlieue est tout de suite remplie par des chagrins immenses. L'homme, qui s'est mis à boire, au cours de scènes inqualifiables frappe sa femme et son enfant. Et voici maintenant le dernier échelon. Sans autre explication qu'une horrible lettre laissée sur une table, il est parti depuis huit jours, emportant le reste de l'argent.

Isabelle, outre le scandale et le désespoir, a compris sur le coup qu'abandonnée et ruinée, elle était seule en face de la misère immédiate, avec un enfant à élever.

Il lui reste en tout deux cents francs... et son courage.

Son courage, c'est ce petit qu'elle berce contre elle. C'est si fort une mère qui serre son enfant sur son cœur.

Elle a mis de la méthode

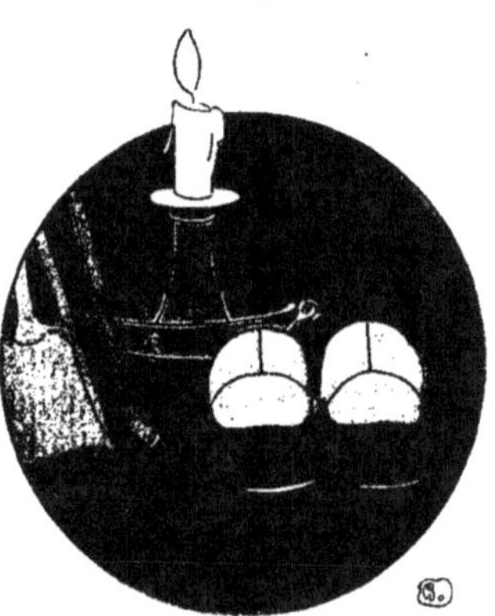

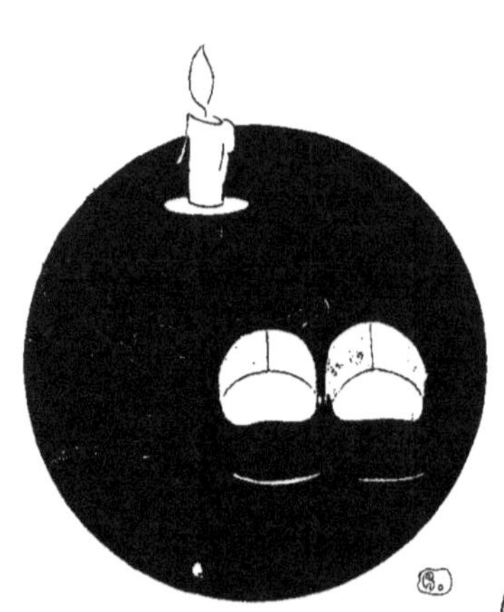

dans la cata-
strophe. De-
puis hier un
écriteau se ba-
lance au vent
sur la villa. La
sous-location
sera son seul
moyen d'exis-
tence jusqu'à ce
qu'elle trouve,
comme on dit,
une place. Une
place de quoi?
Etre secré-
taire de quel-
qu'un, ce serait
trop beau, em-
ployée de ma-
gasin très bien
encore. « Faudra-t-il devenir femme de ménage?...
Soit! »

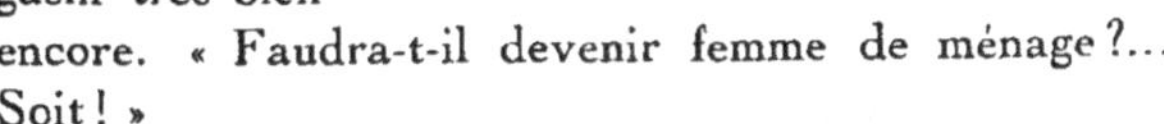

Elle se penche pour prendre une bûche et la jeter
dans le feu mourant. L'enfant, qui s'était endormi, se
réveilla.

— Maman!...

Oh! cher petit mot grand comme le monde!

— Maman, raconte-moi encore, comme tout à
l'heure!

Elle l'embrassa, parvint à sourire. Et sa voix,
pour évoquer la belle image de Noël, se fit chármante
et douce comme celle d'une femme heureuse. Ne

fallait-il pas, autant que possible, que l'innocent ignorât des déboires qui n'étaient pas à sa taille ? Lui ménager une enfance à peu près heureuse, remplacer par du charme toutes les gâteries qu'il ne connaîtrait pas, c'était son rêve, son petit rêve sublime de jeune femme parfaitement malheureuse.

« Pauvre petit ! Il a déjà eu peur, il a déjà été battu. A moi de lui inventer le coin de poésie auquel il pensera plus tard, quand sera venu le malheur d'être une grande personne... »

Et sombrement :

« Qu'est-ce qui me dit qu'il ne sera pas un jour une brute, comme son père ? »

— Maman, raconte encore ?

— Eh bien ! voilà !...

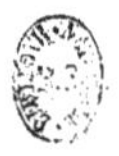

Petit Edmond dormira dans son dodo. Alors, le Père Noël entrera dans le jardin, puis dans la salle à manger, ici. Et dans les souliers que nous allons mettre tout à l'heure devant la cheminée.

Bercée par sa propre chanson, elle continua long-temps, inventant à mesure les merveilles bienfaisantes.

— Tu vois, il est vieux et gros, le Père Noël. Mais ses pieds ne laisseront pas de marque dans la neige, parce qu'il est léger comme de l'air. Il a une longue barbe blanche, une hotte, un bonnet de fourrure, et son manteau est tout plein d'étoiles qui brillent dans la nuit.

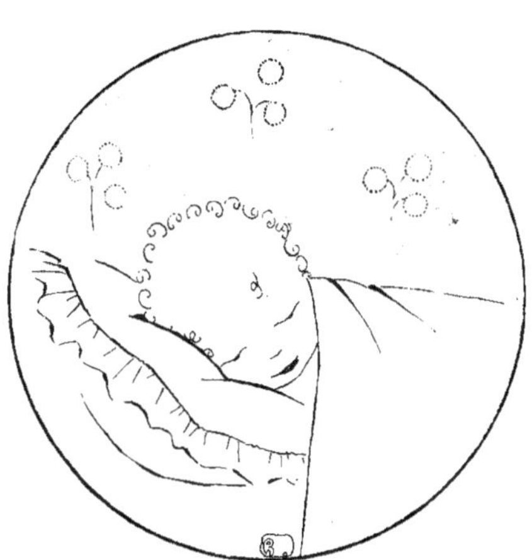

Les yeux immenses, le petit buvait ce nouveau lait dont elle le nourrissait.

— Et maintenant, vite au dodo ! Le Père Noël ne vient pas si les enfants sont éveillés !

Les petits souliers disposés devant l'âtre, elle eut un plaisir déchirant à le coucher dans son petit lit. Du salon contigu elle avait fait leur chambre, pour simplifier leur petite vie à deux. Et bien que cette chambre fût glaciale, elle resta près de son amour, assise dans l'ombre, jusqu'à ce qu'il se fût endormi.

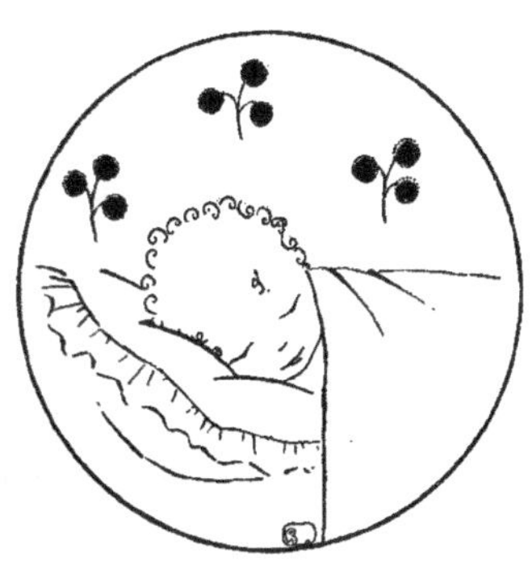

Revenue à la salle à manger, pour ne pas pleurer toute seule, elle se dépêcha d'aller chercher dans leur cachette les objets qu'elle avait achetés, dépense considérable quand on n'a que deux cents francs pour fortune. Mais elle tenait à ce que ce premier Noël du malheur fut tout de même assez magnifique pour enrichir à jamais l'imagination du petit délaissé.

Elle achevait d'arranger le sabot en chocolat dans un soulier et le polichinelle bariolé dans l'autre. Accroupie, elle songeait : « Pauvre mignon ! Et dire qu'il croit que le bonhomme Noël va entrer et... »

Un grincement de clé dans la serrure de la porte du perron la remit debout d'un sursaut.

Elle n'eut pas le temps de faire un geste. La porte de la salle s'ouvrit. Changée en pierre elle vit devant

elle, silencieux, pâle, givré par le froid, son mari.

Pas une seconde elle ne crut qu'il venait demander pardon. Il avait un visage de crime qui l'épouvanta.

— Qu'est-ce que tu veux ? bégaya-t-elle.

Il n'hésita pas. Saccadé, sourd :

— Je veux les deux cents francs que j'ai laissés ici. Donne-les !

L'indignation lui arracha ce simple cri :

— Oh !... c'est trop fort !

Il sentit sa révolte. Ce fut en faisant un pas sur elle qu'il vit les joujoux dans les deux petits souliers.

— Voilà donc ce que tu fais de mon argent, imbécile ?

Des larmes de rage jaillirent des yeux d'Isabelle. Elle commença, véhémente.

— Misérable, tu...

Venue de l'autre pièce, une petite voix terrifiée appela :

— Maman !

Elle tressaillit des pieds à la tête, et regardant son mari, très vite, un doigt sur la bouche :

— Je vais te donner tout, souffla-t-elle. Mais plus un mot ! Plus un mot ! Attends seulement une seconde !

Elle courut au salon, en entr'ouvrit la porte, et dit tout bas :

— Chut!... Rendors-toi vite, mon chéri ! C'est le Père Noël qui est là !

Puis, revenant en grand silence, elle fut à la table, remua des papiers, en tira les pauvres billets, les tendit à l'homme étonné. Et, le suivant pour refermer doucement derrière son dos, elle n'ajouta pas un seul mot.

       • • •

· Elle n'avait pas fermé l'œil de la nuit. A la lueur remuante de la veilleuse, elle n'avait cessé de regarder dormir son fils, ce petit qu'elle venait, une fois encore, de sauver des réalités. Dès sept heures, il se réveilla. Elle ouvrit les persiennes.

— Oh vite, maman, regardons s'il y a des pieds dans la neige! Cette nuit, je croyais... je croyais que j'avais entendu papa ! S'il y a des pieds, c'est que c'est lui qui est venu au lieu du Père Noël.

Elle frissonna. Mais la nature, du moins, avait été bonne pour elle. D'autre neige était tombée depuis la sinistre visite. Le jardin était immaculé.

— Oh! quel bonheur, maman! Alors c'est qu'il y a quelque chose dans mes souliers !

Elle l'enveloppa d'un châle, poussa la porte.

— Va voir toi-même !

Et quand il revint, rapportant ses souliers
féeriques, ce fut la joie au cœur battant des tout petits
du 25 décembre. Lorsqu'il eut fini de pousser des cris,
avant de remonter dans son lit, il retourna près de la
fenêtre afin d'envoyer des baisers vers le jardin.

— Merci, Noël! Merci, Noël!

Alors Isabelle, pour étouffer un sanglot, se
détourna. Mais vite la petite voix la rappela.

— Oh! maman!... Viens voir! Le Père Noël a
laissé tomber les étoiles de son manteau dans le jardin!

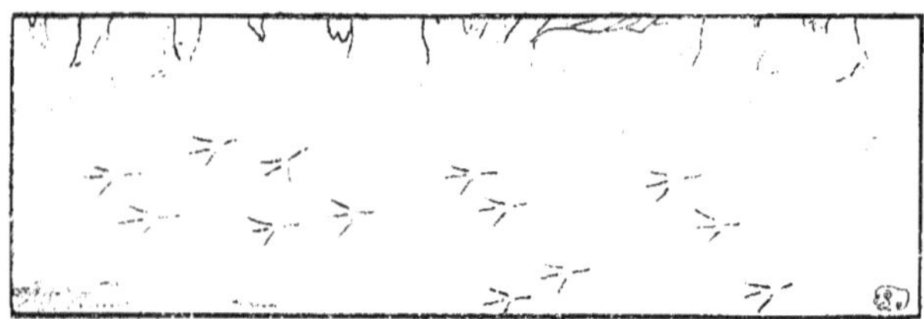

Surprise, elle regarda. Un oiseau venait de passer,
sans doute, sautillantes pattes fourchues dont l'entaille
dessine des petits astres dans la neige; et le jardin, en
effet, était tout constellé. Quand elle eut vu cela, la
pauvre Isabelle, enfin, se mit à pleurer. Mais c'étaient
des larmes de joie. Car la vie, malgré tout, n'était pas
si mauvaise, puisque, suprême cadeau de Noël, la
mère apprenait en cette minute que l'enfant qu'elle
avait mis au monde, son compagnon de misère, sa
raison d'être, était, miraculeusement, un petit poète.

Conte de Noël

Isabelle berçait son petit garçon, gentiment, sur ses genoux, au coin du feu, trois bûches dans l'étroite cheminée.

— La lampe basse éclairait leur réveillon. Une neige assez épaisse, tombée le matin, mettait sa couche de silence autour de la petite maison isolée dans son jardin minuscule.

Pauvre villa de banlieue, image même de la médiocrité, que tu sembles belle, ce soir, à celle qui va te quitter pour entrer dans la misère!

Isabelle, jeune fille de luxe, mariée par amour, a, depuis cinq ans, descendu rapidement l'échelle haute de son bonheur.

L'homme pauvre qu'elle a, contre le gré de ses parents, choisi pour son charme et sa belle figure: un monsieur louche. Elle ne s'en est aperçue que tard. L'enfant était né, les parents morts. Orpheline et mère presque en même temps, la jeune femme, entre ce chagrin

ci et cette joie-là, a, cette même
année, vu commencer l'extinction
d'un mirage.

Un matin, c'est la révélation
d'une colossale dette de jeu. Un
soir, c'est la découverte de
basses débauches. Une de larmes!
La fortune d'Isabelle s'en va,
son cœur se meurt. Après le
bel appartement de Paris et
les parcs et châteaux d'été,
cette unique petite bicoque en
banlieue est tout de suite
remplie par des chagrins immenses.
L'homme, s'est mis à boire,
au cours de scènes inqualifiables,
frappé sa femme et son enfant.
Et voici maintenant le dernier
échelon. Sans autre explication
qu'une horrible lettre laissée
sur une table, il est parti depuis
huit jours, emportant le reste
de l'argent.
Isabelle, outre le scandale
et le désespoir, a compris sur le coup
qu'abandonnée
et ruinée, elle était
seule en face de la misère immédiate
avec un enfant à élever.
Et lui reste en tout
deux cents francs... et son courage.
Son courage, c'est ce
petit qu'elle berce contre elle

C'est si fort, une mère qui serre
son enfant sur son cœur !

Elle a mis de la méthode
dans la catastrophe. Depuis hier
un écriteau se balance au vent
sur la villa — La sous-location
sera son seul moyen d'existence
jusqu'à ce qu'elle trouve, comme
on dit, une place. (Une place
de quoi ?

Être secrétaire de quelqu'un,
ce serait trop beau, employée de
magasin très bien encore. "Faudra-t-il devenir femme de
ménage ?... Soit ! "

Elle se pencha pour
prendre une bûche et la jeter
dans le feu mourant. L'enfant qui s'était endormi,
se réveilla —

— Maman !...
— Eh ! cher petit, vaste grand
comme le monde !

— Maman, raconte-
moi encore, comme tout à
l'heure !

Elle l'embrassa, revient
à sourire. Et sa voix, pour
évoquer la belle image de Noël,
se fit chantante et douce
comme celle d'une femme
heureuse — Ne fallait-il pas,

autant que possible, que l'innocent
ignorât des déboires qui n'étaient
pas à sa taille ? Lui ménager une
enfance à peu près heureuse,
remplacer par du charme toutes
les gâteries qu'il ne connaîtrait
pas, c'était son rêve, son petit
rêve sublime de jeune femme
parfaitement malheureuse —

« Pauvre petit. Il a déjà
eu peur, il a déjà été ~~battu~~.
battu. A moi de lui inventer
le coin de poésie auquel il
pensera plus tard, quand sera
venu le malheur d'être une
grande personne … »
Il, sourdement :
« Qu'est-ce qui me dit qu'il
ne sera pas un jour une
brute, comme son père ? »
— Maman, raconte

encore ? — Eh bien ! voilà ! Petit
Edmond dormira dans son dodo.
Alors le Père Noël entrera dans
le jardin, puis dans la salle
à manger, ici — Et dans les
souliers que nous allons mettre
tout à l'heure devant la
cheminée …
Bercée par sa propre
chanson, elle continua longtemps,
inventant à mesure les

qu'elle a trouvé la force de vivre
et de se débattre.

merveilles bienfaisantes.

— Tu vois, il est vieux et gros, le Père Noël. Mais ses pieds ne laisseront pas de marque dans la neige, parce qu'il est comme de l'air. — Il a une longue barbe blanche, une hotte, un bonnet de fourrure, et son manteau est tout plein d'étoiles qui brillent dans la nuit.

Ses yeux immenses, le petit buvait ce nouveau lait dont elle le nourrissait.

— Et maintenant, vite au dodo ! Le Père Noël ne vient pas si les enfants sont éveillés !

Les petits souliers disposés devant l'âtre, elle eut un plaisir déchirant à le coucher dans son petit lit. Du salon contigu elle avait fait leur chambre, pour simplifier leur petite vie à deux. Et bien que cette chambre improvisée fût glaciale, elle resta près de son amour, assise dans l'ombre, jusqu'à ce qu'il se fut endormi.

Revenue à la salle à manger, pour ne pas pleurer toute seule, elle se dépêcha d'aller chercher dans leur cachette les objets qu'elle avait achetés, dépense considérable quand

on n'a que deux-cents francs pour
fortune. Mais elle tenait à ce
que ce premier Noël du malheur
fût tout de même assez magnifique pour enrichir à jamais
l'imagination du petit délaissé.

Elle achevait d'arranger
le sabot en chocolat dans un
soulier et le polichinelle bariolé
dans l'autre. Accroupie, elle
songeait: "Pauvre mignon! Et
dire qu'il croit que le bonhomme
Noël va entrer et..."

Un grincement de
clé dans la serrure de la porte
du perron la remit debout d'un
sursaut.

Elle n'eut pas le temps
de faire un geste. La porte de la
salle s'ouvrit. Changée en pierre
elle vit devant elle, silencieux,
pâle, givré par le froid,
son mari.

Pas une seconde elle
ne crut qu'il venait demander pardon. Il avait un
visage de crime qui l'épouvanta.

— Qu'est-ce que tu veux?
bégaya-t-elle.

Il n'hésita pas. Saccadé,
sourd:

— Je veux les deux-cents

francs que j'ai laissés ici...
Donne-les !

L'indignation lui arracha
ce simple cri :
— Oh !... c'est trop fort !

Il sentit sa révolte.
Ce fut en faisant un pas
sur elle qu'il vit les joujoux
dans les deux petits souliers.

— Voilà donc ce que
tu fais de mon argent, imbécile ? Des larmes de rage jaillirent des yeux d'Isabelle. Elle
commença, véhémente :
— Misérable, tu ...

Venue de l'autre
pièce, une petite voix terrifiée
appela :
— Maman !

Elle tressaillit des pieds
à la tête ... et regardant son mari,
très ... un doigt sur la
bouche :
— Je vais te donner
ton..., souffla-t-elle. Mais
plus un mot ! Plus un mot ...
Attends seulement une seconde !

Elle courut au salon,
en entr'ouvrit la porte,
et dit tout bas :

— Chut!... Rendors-toi vite, mon chéri! C'est le Père Noël qui est là!

Puis, rentrant en grand silence, elle fut à la table, remua des papiers, en tira les pauvres billets, les tendit à l'homme étonné. Et, le suivant pour refermer doucement ~~les portes~~ derrière son dos, elle n'ajouta pas un seul mot.

Elle n'avait pas fermé l'œil de la nuit. À la lueur remuante de la veilleuse, elle n'avait cessé de regarder dormir son fils, le petit qui venait, une fois encore, sauvée des réalités.

Dès sept heures, il se réveilla. Elle ouvrit les persiennes.
— Oh vite, maman, regardons s'il y a des pieds dans la neige cette nuit, le croyais... Je croyais que j'avais entendu ça va! S'il y a des pieds, c'est que c'est lui qui est venu au lieu du Père Noël!

Elle frissonna. — Mais
la nature, du moins, avait
été bonne pour elle. D'autre
neige était tombée depuis
la dernière visite. Le jardin
était immaculé. —
        — Oh ! quel bonheur,
maman ! Alors c'est qu'il y a
quelque chose dans mes souliers !
        Elle l'enveloppa
d'un châle, poussa la porte.
        — Va voir toi-même !
        Et quand il revint,
rapportant des souliers féeriques,
ce fut la joie au cœur battant
des tout petits du 25 décembre. — Lorsqu'il eut fini
de pousser des cris, avant
de remonter dans son lit,
il retourna près de la fenêtre
afin d'envoyer des baisers vers le
jardin.
        — Merci, Noël ! merci,
Noël !
        Et, Isabelle, pour
étouffer un sanglot, se
détourna. Mais vite la petite
voix la rappela.
        — Oh ! maman !... Viens-
voir ! le père Noël a
laissé tomber les étoiles
de son manteau dans

...e jardin!

Surprise, elle ... — Un oiseau venait de passer, sans doute, sautillant; pattes fourchues dont l'entaille dessine des petits astres dans la neige. Et le jardin, en effet, était tout constellé.

Quand elle eut vu cela, la pauvre Isabelle, enfin, se mit à pleurer. Mais c'étaient des larmes de joie. Car la vie, malgré tout, n'était pas si mauvaise, puisque, suprême cadeau de Noël, la mère apprenait en cette minute que l'enfant qu'elle avait mis au monde, son compagnon de misère, sa raison d'être, était, miraculeusement, un petit poète.

Lucie Delarue-Mardrus